AF586234

284

21. Decembre 1762.

ORDONNANCE DU ROI,

Concernant la Cavalerie.

Du 21 Décembre 1762.

DE PAR LE ROI.

SA MAJESTÉ ayant par ſon ordonnance du 1.er décembre 1761, porté la plus grande partie de ſes régimens de Cavalerie à quatre eſcadrons, pour les mettre en état de ſervir plus utilement : Et jugeant convenable de leur fixer, ſoit en temps de paix, ſoit en temps de guerre, une conſtitution ſolide & invariable, afin que les Officiers qu'Elle jugera à propos de conſerver, n'aient plus rien à appréhender des réformes à venir, SA MAJESTÉ a ordonné & ordonne ce qui ſuit.

ARTICLE PREMIER.

Trente régimens de Cavalerie conſervés.

INDÉPENDAMMENT du régiment des Carabiniers de M. le Comte de Provence, Sa Majeſté conſervera ſur pied trente régimens de Cavalerie; ſavoir:

Le Colonel-général, le Meſtre-de-camp-général, le Commiſſaire-général, Royal, du Roi, Royal-Étranger, les Cuiraſſiers

A

du Roi, Royal-Cravattes, Royal-Rouſſillon, Royal-Piémont, Royal-Allemand, Royal-Pologne, Royal-Lorraine, Royal-Picardie, Royal-Champagne, Royal-Navarre, Royal-Normandie, la Reine, Dauphin, Bourgogne, Berry, Artois, Orléans, Chartres, Condé, Bourbon, Clermont, Conti, Penthièvre & Noailles.

II.

Compoſition des trente régimens de Cavalerie.

CHACUN de ces trente régimens ſera compoſé, en tout temps, de huit compagnies, leſquelles formeront quatre eſcadrons; & à cet effet les régimens de Clermont, de Conti & de Noailles, conſerveront les huit compagnies dont ils ſont compoſés; & les ſeize compagnies de chacun des vingt-ſept autres régimens qui ont été portés à quatre eſcadrons, en exécution de l'ordonnance du 1.er décembre 1761, ſeront doublées pour n'en former à l'avenir que huit.

III.

Suppreſſion du titre de Cornette, & création de Sous-lieutenans.

IL ſera créé une place de Sous-lieutenant dans chaque compagnie, & le titre de Cornette ſera ſupprimé, à la réſerve de celui qui eſt attaché à la compagnie du Colonel-général de la Cavalerie.

IV.

Suppreſſion des Maréchaux-des-logis actuels, & création de nouveaux.

LA place de Maréchal-des-logis de chaque compagnie, telle qu'elle eſt aujourd'hui, ſera ſupprimée; & il ſera créé dans chaque compagnie quatre places de Maréchal-des-logis pour y remplir les mêmes fonctions que les Sergens dans l'Infanterie: voulant Sa Majeſté que leſdits Maréchaux-des-logis ſoient les premiers Bas-officiers de la compagnie, & qu'ils ſoient aſſujétis aux mêmes loix & aux mêmes peines, en cas de déſertion, que les autres Bas-officiers.

V.

Compoſition des compagnies de Cavalerie en temps de paix.

CHAQUE compagnie de Cavalerie, ſera commandée en tout temps par un Capitaine, un Lieutenant & un Sous-lieutenant; & compoſée, en temps de paix, de quatre Maréchaux-des-logis, un Fourrier, huit Brigadiers, huit Carabiniers, trente-deux Cavaliers & d'un Trompette, tous montés.

L'intention de Sa Majesté est cependant que la compagnie du Colonel-général, continue d'être commandée par le Mestre-de-camp-Lieutenant, un Sous-lieutenant & un Cornette; & que celles du Mestre-de-camp-général & du Commissaire-général, le soient par le Mestre-de-camp, un Capitaine-lieutenant & un Sous-lieutenant.

Divisions desdites compagnies par escouade.

Les huit Brigadiers, les huit Carabiniers & les trente-deux Cavaliers formeront huit escouades de six hommes chacune, y compris un Brigadier & un Carabinier; la première & la cinquième escouades formeront une première subdivision, à laquelle sera attaché le premier Maréchal-des-logis; la deuxième & la sixième escouades formeront une deuxième subdivision, à laquelle sera attaché le second Maréchal-des-logis; la troisième & la septième escouades formeront une troisième subdivision, commandée par le troisième Maréchal-des-logis; la quatrième & la huitième escouades formeront la quatrième subdivision, à laquelle sera attaché le quatrième Maréchal-des-logis.

Les première & troisième subdivisions formeront la première division qui sera subordonnée au Lieutenant, & les seconde & quatrième subdivisions formeront la seconde division que commandera le Sous-lieutenant; ces deux Officiers rendront tous les jours compte de tous les détails qui concerneront leur division au Capitaine qui en répondra au Major, & ce dernier au Mestre-de-camp, & en son absence au Lieutenant-colonel.

VI.

Composition des compagnies en temps de guerre.

L'INTENTION de Sa Majesté étant de ne plus augmenter à l'avenir le nombre de ses Troupes par la création de nouveaux régimens, ni même par des compagnies nouvelles, dont l'usage a été sujet à plus d'inconvéniens dans la Cavalerie que dans l'Infanterie; & ayant résolu de ne faire ces augmentations que par un nombre égal d'hommes & de chevaux dans chaque escouade, sans augmentation d'Officiers ni de Bas-officiers, Elle veut & entend que les compagnies de Cavalerie, conservent, soit en temps de paix, soit en temps de guerre, le nombre d'Officiers & de Bas-officiers, fixé par l'article V de la présente ordonnance; & Elle se réserve de déclarer, lorsque les circonstances l'exigeront, le nombre d'hommes & de chevaux dont Elle jugera à propos d'augmenter les escouades de chaque compagnie.

VII.

Création d'un second Aide-major dans quelques régimens.

Il sera créé un second Aide-major dans chacun des régimens de Clermont, de Conti & de Noailles.

VIII.

Création de Sous-aides-major.

Pour soulager le Major & les Aides-major dans leurs fonctions, il sera créé dans chacun des trente régimens de sa Cavalerie, deux charges de Sous-aides-major.

IX.

Création d'un Trésorier par régiment.

Le Major ne devant pas être distrait des fonctions principales de sa charge, qui consistent dans la police, la discipline, la tenue & les exercices du régiment, il sera établi, dans chaque régiment de Cavalerie, un Trésorier, qui sera particulièrement chargé de l'administration des deniers.

X.

Création d'un Quartier-maître.

Il sera pareillement établi, dans chacun desdits régimens, un Quartier-maître, dont les fonctions seront réglées ci-après.

XI.

Création de Porte-étendard.

Il sera aussi établi un Porte-étendard, par chaque escadron des régimens de Cavalerie.

XII.

Composition de l'État-major de chaque régiment de Cavalerie.

Au moyen de ce qui est prescrit par les articles VII, VIII, IX, X & XI, l'Etat-major de chaque régiment de Cavalerie sera composé, en tout temps, d'un Mestre-de-camp & d'un Lieutenant-colonel, qui auront chacun une compagnie; d'un Major, de deux Aides-major, deux Sous-aides-major, d'un Quartier-maître, quatre Porte-

Porte-étendards & d'un Tréforier. Il y aura de plus un Meftre-de-camp-commandant dans chacun des régimens du Meftre-de-camp-général, du Commiffaire-général & de Royal-Allemand; lefquels Meftres-de-camp-commandans n'auront point de compagnies : Il y fera auffi établi un Aumônier & un Chirurgien, pendant le temps de la guerre feulement.

XIII.

Un Timbalier par régiment.

IL y aura dans chaque régiment un Timbalier, lequel fera attaché à la compagnie Meftre-de-camp, & ne fera point nombre dans ladite compagnie.

XIV.

Choix des Lieutenans-colonels & des Majors.

SA MAJESTÉ confidérant que le bien de fon fervice exige que les charges de Lieutenans-colonels & de Majors des régimens, foient remplies par les fujets les plus diftingués, tant par leurs fervices que par leurs talens; & voulant de plus en plus ranimer l'émulation parmi les Officiers de fes Troupes, Elle a réfolu de s'en réferver la nomination, & de choifir à l'avenir les fujets qui devront remplir ces places, parmi les Lieutenans-colonels & les Majors réformés, & parmi ceux des Capitaines de tous les régimens de Cavalerie indiftinctement, foit en pied, foit réformés, qu'Elle jugera devoir mériter cet avancement.

XV.

Rang & autorité du Major.

SA MAJESTÉ trouvant convenable au bien de fon fervice que le Major ait en tout temps fur les Capitaines, l'autorité néceffaire pour remplir fes fonctions, Elle veut qu'à l'avenir la charge de Major foit, dans tous les régimens de Cavalerie, un grade fupérieur à celui de Capitaine, & que ledit Major commande le régiment en l'abfence du Meftre-de-camp & du Lieutenant-colonel, & en leur préfence fous leur autorité, & qu'il paffe du grade de Major à celui de Lieutenant-colonel ou de Meftre-de-camp, pour devenir Officier général.

XVI.

Le Major chargé supérieurement des menues réparations.

Le Major sera seul chargé d'ordonner, sous l'autorité du Mestre-de-camp & du Lieutenant-colonel, les menues réparations, dont il confiera le soin, dans chaque régiment, aux Aides-major & aux Sous-aides-major, qui seront tenus de lui en rendre compte.

XVII.

Aides-major.

Les Aides-major continueront de jouir des mêmes prérogatives dont ils jouissent actuellement, rempliront les mêmes fonctions, & veilleront de plus à la manutention & à la consommation des fourrages.

XVIII.

Sous-aides-major.

Les Sous-aides-major seront subordonnés aux Aides-major ; ils seront spécialement chargés de veiller à l'entretien des compagnies, à ce que les menues réparations soient faites à mesure, au moyen des fonds que Sa Majesté y destinera, & à la consommation des fourrages; les Sous-lieutenans qui seront choisis pour remplir les charges de Sous-aides-major, auront rang de Lieutenant du jour de leur brevet, & en conséquence ils commanderont à tous les Sous-lieutenans, & à tous les Lieutenans moins anciens qu'eux.

XIX.

Porte-étendards.

Les Porte-étendards seront uniquement employés à porter les Étendards; ils auront rang de derniers Sous-lieutenans, & seront toûjours tirés du corps des Maréchaux-des-logis.

XX.

Quartiers-maîtres.

Le Quartier-maître de chaque régiment, sera aussi tiré du corps des Maréchaux-des-logis; il aura rang de Sous-lieutenant, commandera spécialement tous les Fourriers, & sera chargé du logement, du campement, des distributions & autres fonctions relatives, supérieurement à eux.

XXI.

Fonctions des Trésoriers, & par qui nommés.

Les Trésoriers seront spécialement chargés de l'administration des deniers de chaque régiment; ils seront présentés par le Mestre-de-camp, le Lieutenant-colonel

22. Decembre 1762.

& le Major, au Secrétaire d'État ayant le département de la guerre, qui leur sera expédier des brevets pour remplir lesdites places, après qu'il les aura agréés.

XXII.

Établissement d'une caisse.

TOUT l'argent de la Solde & de la Masse, ou de toute autre partie, qui appartiendra à chaque régiment, sera remis tous les mois au Trésorier, pour être enfermé dans une caisse dont il aura la régie, subordonnément au Major, sous les ordres du Secrétaire d'État ayant le département de la guerre.

XXIII.

Trois clefs à ladite caisse, & par qui gardées.

CETTE caisse aura trois serrures, dont les trois clefs seront entre les mains, l'une du Mestre-de-camp, & en son absence, du Commandant du régiment, la deuxième entre les mains du Major, & la troisième entre celles du Trésorier.

XXIV.

Par qui les clefs gardées en l'absence du Mestre-de-camp & du Major.

EN l'absence du Mestre-de-camp, la clef dont il doit être dépositaire, demeurera entre les mains du Lieutenant-colonel; en l'absence de ce dernier, entre les mains du plus ancien des Capitaines qui se trouveront présens; & en l'absence du Major, sa clef demeurera entre les mains d'un Aide-major, de manière que dans tous les cas la caisse ne puisse s'ouvrir qu'en présence de trois personnes: Entendant Sa Majesté que ladite caisse soit déposée chez le Commandant du régiment, avec les étendards.

XXV.

Administration de la caisse.

IL y aura toûjours dans la caisse de chaque régiment, un état des fonds qui y seront mis, & un état de ceux qui en seront tirés, avec les causes de recette & de dépense; ces états seront signés du Commandant du corps, du Major & du Trésorier; il en sera remis un double au Major, & il en sera envoyé un tous les mois au Secrétaire d'État ayant le département de la guerre.

XXVI.

Choix actuel des Bas-officiers.

SA MAJESTÉ trouvant convenable au bien de son

ſervice, que les places de Maréchaux-des-logis, Fourriers & Brigadiers ne ſoient remplies que par des ſujets ſages, intelligens, ſachant lire & écrire, & qui aient le talent en inſtruiſant les Cavaliers de s'en faire obéir, ſon intention eſt qu'il ſoit fait, par le Commandant & le Major de chaque régiment, un examen exact des ſujets qui rempliſſent actuellement ces places, & que tous ceux qui ne ſe trouveront point avoir les qualités preſcrites ci-deſſus en ſoient retirés; ſavoir, les Maréchaux-des-logis pour être renvoyés, & les Fourriers & Brigadiers pour entrer dans la claſſe des Carabiniers: Voulant Sa Majeſté que les Commandans & Majors choiſiſſent, pour cette fois ſeulement, les ſujets qui ſeront les plus propres à les remplacer.

XXVII.

Choix des Maréchaux-des-logis à l'avenir.

SA MAJESTÉ voulant en même temps expliquer ſes intentions ſur la manière dont il ſera procédé à l'avenir au choix des Bas-officiers, Elle a réglé que

Lorſqu'il vaquera une place de Maréchal-des-logis dans une compagnie, les douze plus anciens Maréchaux-des-logis du régiment, s'aſſembleront avec les Porte-étendards chez le Major, pour choiſir parmi tous les Fourriers du régiment, ſans aucun égard à l'ancienneté, les trois ſujets qu'ils croiront les plus propres à remplir la place vacante; ils les préſenteront au Major & au Capitaine de la compagnie dans laquelle la place de Maréchal-des-logis ſera vacante, & ſur le rapport de ces deux Officiers le Commandant du régiment nommera celui des trois ſujets propoſés qui lui paroîtra mériter la préférence.

XXVIII.

Choix des Fourriers.

LORSQU'IL vaquera une place de Fourrier, tous les Fourriers s'aſſembleront avec le Quartier-maître chez le Major, pour choiſir parmi tous les Brigadiers du régiment, les trois ſujets qu'ils croiront les plus propres pour remplir la place vacante; ils les préſenteront au Major & au Capitaine de la compagnie dans laquelle la place de Fourrier ſera vacante, de la même manière qu'il

21. Decembre 1762.

qu'il eſt expliqué dans l'article précédent pour les Maréchaux-des-logis.

XXIX.

Choix des Brigadiers.

LORSQU'IL vaquera une place de Brigadier, les huit plus anciens Brigadiers, les quatre plus anciens Maréchaux-des-logis & les quatre plus anciens Fourriers s'aſſembleront chez le Major, pour choiſir parmi tous les Cavaliers du régiment, trois ſujets qu'ils préſenteront au Major & au Capitaine de la compagnie dans laquelle la place de Brigadier ſera vacante, de la manière réglée par les articles précédens.

XXX.

Fonctions des Maréchaux-des-logis.

LES Maréchaux-des-logis commanderont leur ſubdiviſion, les maintiendront en bonne diſcipline & police, & rendront tous les jours compte aux Officiers de tous les détails qui concerneront leſdites ſubdiviſions, ainſi qu'il eſt preſcrit par l'article V.

XXXI.

Fonctions des Fourriers.

LES Fourriers ſeront entièrement ſubordonnés aux Quartiers-maîtres des régimens; ils ſeront chargés, ſous leurs ordres, du détail de toutes les ſubſiſtances, des diſtributions, des fourrages & du logement, du campement & de la propreté du quartier & du camp; ils auront rang de derniers Maréchaux-des-logis, & ſeront diſpenſés de monter aucune garde.

XXXII.

Fonctions des Brigadiers.

LES Brigadiers veilleront ſur la diſcipline, la police, les exercices & les manœuvres de leur eſcouade; ils en répondront au Maréchal-des-logis de leur ſubdiviſion, & ſuppléeront aux Maréchaux-des-logis qui pourront manquer.

XXXIII.

Places de Carabiniers aux plus anciens Cavaliers de chaque compagnie.

A l'égard des places de Carabiniers, elles ſeront données, quant-à-préſent, par préférence aux Fourriers & Brigadiers réformés, en exécution de l'article XXVI de la préſente ordonnance; mais à l'avenir ces places de Carabiniers appartiendront toûjours de droit aux plus anciens Cavaliers de chaque compagnie, ils commanderont l'escouade, dont ils feront partie, au défaut des Brigadiers qui en feront toûjours les chefs.

XXXIV.

Engagemens fixés à huit années; congés donnés à l'expiration, les haute-payes cesseront de rengager.

LE terme des engagemens sera fixé à l'avenir à huit années au lieu de six; les Cavaliers qui monteront aux haute-payes, ne seront point tenus, comme par le passé, de servir trois ans au delà du terme de leur engagement, le congé absolu sera donné régulièrement chaque année aux Cavaliers dont l'engagement sera expiré.

XXXV.

Congé donné aux quatre plus anciens Cavaliers ou Miliciens.

SA MAJESTÉ donnera ses ordres pour faire délivrer dès-à-présent le congé absolu aux quatre plus anciens Cavaliers de chaque compagnie, qui s'étant engagés pour six ans, ont continué de servir au delà de ce terme, le temps de leur service ayant été prolongé à cause de la guerre; & il en sera délivré un pareil nombre, régulièrement chaque année, à ceux qui seront dans ce cas: Voulant cependant Sa Majesté que s'il se trouvoit encore dans les compagnies, des Miliciens incorporés, ils soient renvoyés par préférence jusqu'à la concurrence de quatre, & ainsi successivement chaque année.

XXXVI.

Récompense pour les Cavaliers qui auront renouvelé un second engagement.

LES Cavaliers qui, aux termes de l'article XXXIV, auront volontairement renouvelé un second engagement, & qui en conséquence, après avoir servi seize ans, voudront se retirer chez eux & non ailleurs, y toucheront la moitié de leur solde; & Sa Majesté leur fera délivrer tous les huit ans un habit de l'uniforme du régiment dans lequel ils auront servi.

XXXVII.

Récompense pour ceux qui auront renouvelé volontairement un troisième engagement.

CEUX qui ayant renouvelé volontairement un troisième engagement, auront servi vingt-quatre ans, auront le choix ou d'être reçûs à l'Hôtel royal des Invalides, ou de se retirer chez eux, & non ailleurs, avec leur solde entière, & Sa Majesté leur fera délivrer, tous les six ans, un habit de l'uniforme du régiment dans lequel ils auront servi.

21. Décembre 1762.

XXXVIII

SA MAJESTÉ ayant réglé, pour les troupes d'Infanterie, une paye de paix & une paye de guerre, Elle a résolu d'en user de même pour les troupes de Cavalerie; & en conséquence, Elle veut que les appointemens & solde soient payés, aux régimens de sa Cavalerie, sur le pied par jour,

Appointemens & Solde.

SAVOIR,

COMPAGNIES.	EN TEMPS DE PAIX.			EN TEMPS DE GUERRE.		
	Par jour.	Par mois.	Par an.	Par jour.	Par mois.	Par an.
A chaque Capitaine, cinq livres onze sols un denier un tiers en paix, & dix livres en guerre, ci...	$5^l\ 11^s\ 1^d\frac{1}{3}$	$166^l\ 13^s\ 4^d$	2000^l	10^l ″ ″	300^l ″ ″	3600^l
Au Capitaine-lieutenant des compagnies Mestre-de-camp des régimens du Mestre-de-camp-général & du Commissaire-général, à chaque Lieutenant & au Sous-lieutenant de la compagnie du Colonel-général, deux livres dix sols en paix, & trois livres six sols huit deniers en guerre, ci.......	2. 10. ″	75. ″ ″	900.	3. 6. 8	100. ″ ″	1200.
A chacun des Cornette & Sous-lieutenant des compagnies du Colonel-général, du Mestre-de-camp-général & du Commissaire-général, une livre dix-sept sols six deniers en paix, & deux livres dix sols en guerre, ci...	1. 17. 6	56. 5. ″	675.	2. 10. ″	75. ″ ″	900.
A chaque Sous-lieutenant, une livre treize sols quatre deniers en paix, & deux livres quatre sols cinq den. un tiers en guerre, ci...	1. 13. 4	50. ″ ″	600.	2. 4. 5⅓	66. 13. 4	800.
A chaque Maréchal-des-logis, treize sols en paix, & quinze sols en guerre, ci............	″ 13. ″	19. 10. ″	234.	″ 15. ″	22. 10. ″	270.
Au Fourrier, douze sols en paix, & quatorze sols en guerre, ci...	″ 12. ″	18. ″ ″	216.	″ 14. ″	21. ″ ″	252.
A chaque Brigadier, huit sols en paix, & dix sols en guerre, ci	″ 8. ″	12. ″ ″	144.	″ 10. ″	15. ″ ″	180.
A chaque Carabinier, sept sols six deniers en paix, & neuf sols six deniers en guerre, ci.....	″ 7. 6	11. 5. ″	135.	″ 9. 6	14. 5. ″	171.
A chaque Cavalier, Timbalier ou Trompette, sept sols en paix, & neuf sols en guerre, ci....	″ 7. ″	10. 10. ″	126.	″ 9. ″	13. 10. ″	162.

ÉTAT-MAJOR.	EN TEMPS DE PAIX.			EN TEMPS DE GUERRE.		
	Par jour.	Par mois.	Par an.	Par jour.	Par mois.	Par an.
Au Meſtre-de-camp, indépendamment de ſes appointemens de Capitaine, ſix livres dix-huit ſols dix deniers deux tiers en paix, & huit livres ſix ſols huit deniers en guerre, ci.	6^l 18^ſ 10^d ⅔	208^l 6^ſ 8^d	2500^l	8^l 6^ſ 8^d	250^l ″^ſ ″^d	3000^l
A chacun des Meſtres-de-camp-commandans des régimens du Meſtre-de-camp-général, du Commiſſaire-général & du régiment Royal-Allemand, ſix livres dix-huit ſols dix deniers deux tiers en paix, & huit livres ſix ſols huit deniers en guerre, ci.	6. 18. 10⅔	208. 6. 8	2500.	8. 6. 8	250. ″ ″	3000.
Au Lieutenant-colonel, indépendamment de ſes appointemens de Capitaine, quatre livres huit ſols dix deniers deux tiers en paix, & cinq livres en guerre, ci. . . .	4. 8. 10⅔	133. 6. 8	1600.	5. ″ ″	150. ″ ″	1800.
Au Major, huit livres ſix ſols huit deniers en paix, & douze livres dix ſols en guerre, ci. . .	8. 6. 8	250. ″ ″	3000.	12. 10. ″	375. ″ ″	4500.
A chaque Aide-major, avec commiſſion de Capitaine, cinq livres en paix, & huit livres ſix ſols huit deniers en guerre, ci. . .	5. ″ ″	150. ″ ″	1800.	8. 6. 8	250. ″ ″	3000.
A chaque Aide-major, ſans commiſſion de Capitaine, quatre livres trois ſols quatre deniers en paix, & cinq livres onze ſols un denier un tiers en guerre, ci. .	4. 3. 4	125. ″ ″	1500.	5. 11. 1⅓	166. 13. 4	2000.
A chaque Sous-aide-major, deux livres quinze ſols ſix deniers deux tiers en paix, & trois livres ſix ſols huit den. en guerre, ci. . .	2. 15. 6⅔	83. 6. 8	1000.	3. 6. 8	100. ″ ″	1200.
Au Quartier-maître, une livre treize ſols quatre deniers en paix, & deux livres quatre ſols cinq den. un tiers en guerre, ci.	1. 13. 4	50. ″ ″	600.	2. 4. 5⅓	66. 13. 4	800.
A chaque Porte-étendard, une livre ſix ſols huit deniers en paix, & une livre dix ſols en guerre, ci	1. 6. 8	40. ″ ″	480.	1. 10. ″	45. ″ ″	540.
Au Tréſorier, cinq livres onze ſols un denier un tiers en paix, & huit liv. ſix ſols huit den. en guerre.	5. 11. 1⅓	166. 13. 4	2000.	8. 6. 8	250. ″ ″	3000.
A l'Aumônier, deux livres en temps de guerre ſeulement. . . .	. . . .	. . . .	. . . .	2. ″ ″	60. ″ ″	720.
Au Chirurgien, deux livres en temps de guerre ſeulement. .	. . . .	. . . .	. . . .	2. ″ ″	60. ″ ″	720.

Voulant

Voulant Sa Majesté que la paye de guerre ne soit donnée qu'à ceux desdits régimens qui serviront en campagne, à commencer du jour de leur arrivée à l'armée, jusqu'à celui de leur départ de l'armée pour rentrer dans le Royaume ; & que ceux qui demeureront en garnison dans le Royaume pendant la guerre, ne touchent que la paye réglée pour le temps de paix.

XXXIX.

Linge, chaussure & écu de campagne.

VEUT & entend Sa Majesté que sur la Solde réglée à chaque Maréchal-des-logis, Brigadier, Fourrier, Carabinier, Cavalier, Trompette & Timbalier, ils soient tenus de s'entretenir de linge & de chaussure ; & qu'au moyen des deux sols de plus qui leur sont accordés pendant qu'ils serviront en campagne, la gratification dont ils jouissoient précédemment, sous le titre d'écu de campagne, soit & demeure supprimée à l'avenir.

XL.

Le Roi se charge des recrues.

LES Capitaines de tous les régimens de Cavalerie, seront à l'avenir déchargés du soin de faire les remontes & les recrues de leurs compagnies ; l'intention de Sa Majesté étant de leur faire fournir toutes les recrues & les remontes dont ils auront besoin.

XLI.

Défense aux Officiers de donner des congés absolus.

DÉFEND en conséquence Sa Majesté à tous Officiers, de donner à l'avenir aucun congé absolu, se réservant d'expliquer par la suite ses intentions sur la manière dont ils seront expédiés.

XLII.

Fourrages pour les chevaux des Officiers & de la troupe.

SA MAJESTÉ ayant réglé que les Officiers de Cavalerie seroient toûjours, & en tout temps, montés sur des chevaux d'escadron, Elle enjoint aux Commissaires des guerres, de faire mention sur leurs revûes, du signalement desdits chevaux ; défendant Sa Majesté aux Officiers de se défaire desdits chevaux, sans permission de l'Officier général qui sera chargé de l'inspection du régiment.

XLIII.

Une ration de fourrage pour les chevaux des Officiers.

IL sera fourni, en temps de paix, une ration de fourrage pour les chevaux des Officiers, de quelque grade qu'ils soient, se réservant Sa Majesté de régler, par la suite, le nombre de rations de fourrage qui leur devra être fourni en temps de guerre.

XLIV.

Fonds des fourrages remis à la caisse des régimens, & administrés sur les ordres du Secrétaire d'État de la guerre.

SA MAJESTÉ donnera ses ordres pour faire remettre à la caisse de chaque régiment, tous les mois, le prix de la ration de fourrage pour chaque cheval de la troupe & des Officiers, & l'emploi de cette somme sera fait en conformité du règlement particulier qu'Elle se propose de faire à cet effet, & sur les ordres directs du Secrétaire d'État ayant le département de la guerre.

XLV.

Armement.

SA MAJESTÉ fera fournir à l'avenir, aux régimens de Cavalerie, l'armement dont ils auront besoin.

XLVI.

Masse de l'habillement.

LA Masse de l'habillement desdits régimens, sera établie, à commencer du jour de la nouvelle composition de chacun d'eux, qui sera constatée par le procès-verbal du Commissaire des guerres qui y sera présent, sur le pied par jour, de deux sols pour chaque Maréchal-des-logis, Fourrier, Brigadier, Carabinier, Cavalier, Timbalier ou Trompette; laquelle Masse sera toûjours payée sur le pied complet, & remise tous les mois, avec la Solde, au Trésorier du régiment, lequel la déposera dans la caisse; mais Sa Majesté se réserve l'administration directe de ladite Masse, au moyen de laquelle Elle donnera ses ordres pour faire habiller tous les régimens de sa Cavalerie.

21. Decembre 1762.

XLVII.

Les Capitaines jouiront de leurs appointemens, à la seule déduction des quatre deniers pour livre.

VEUT Sa Majesté que dans tous les temps, les Capitaines de Cavalerie jouissent de leurs appointemens en entier, à la seule retenue des quatre deniers pour livre de leurs compagnies, non compris les Officiers; leur défendant très-expressément de payer, sous tel prétexte que ce puisse être, aucuns faux-frais de place, ni doubles rôles aux Trésoriers, ni frais de Bureau aux Trésoriers particuliers des régimens, ni gratification à qui que ce soit: Enjoignant Sa Majesté aux Majors des régimens, d'y tenir exactement la main, sous peine d'en répondre en leur propre & privé nom, & d'être cassés, s'ils n'informent pas le Secrétaire d'État de la guerre de ce qu'on pourroit exiger à cet égard, & de ce qui pourroit se payer de gré à gré.

XLVIII.

Suppression des gratifications attachées aux charges.

Suppression de routes aux Capitaines, ainsi que de la remonte & de l'ustensile.

AU moyen du traitement réglé par la présente ordonnance, toutes les gratifications annuelles attachées aux charges de tel grade que ce soit, seront supprimées; & Sa Majesté n'accordera plus aux Capitaines de Cavalerie ni routes, ni remontes, ni ustensiles, soit en temps de paix, soit en temps de guerre.

XLIX.

Les Capitaines chargés de veiller à leur troupe, sous peine de punition.

L'INTENTION de Sa Majesté est que quoique les Capitaines ne soient plus chargés ni des recrues, ni de l'entretien de leur troupe, ni de la nourriture de leurs chevaux, ils veillent cependant, avec la même attention, à tout ce qui pourra contribuer au bien-être des Cavaliers, à leur entretien, & à la conservation des chevaux; déclarant Sa Majesté qu'Elle fera punir sévèrement, suivant l'exigence des cas, tous ceux qui y auront apporté la moindre négligence.

L.

Uniforme des Régimens.

L'INTENTION de Sa Majesté étant que dorénavant

les régimens de sa Cavalerie, soient habillés de bleu; avec des marques distinctives pour chacun, Elle a jugé à propos d'arrêter l'état des uniformes de chacun des régimens conservés par la présente ordonnance, à laquelle Elle l'a fait annexer: Enjoignant Sa Majesté aux Mestres-de-camp de tous les régimens, sans exception, de la faire exécuter en tout point, leur défendant d'y souffrir aucun changement, qu'avec une permission expresse & par écrit du Secrétaire d'État ayant le département de la guerre, d'après les ordres de Sa Majesté, sous peine de desobéissance, & de payer de leurs appointemens, la dépense qu'auroient occasionnés les changemens par eux ordonnés: Déclarant Sa Majesté qu'Elle fera casser les Majors des régimens qui n'auront point informé le Secrétaire d'État ayant le département de la guerre, des changemens qu'on auroit introduits dans les régimens: Défendant aussi Sa Majesté à celui qu'Elle a chargé de la régie de l'habillement des Troupes, de se prêter à aucun changement ni à l'admission d'aucun ornement, autres que ceux portés dans l'état arrêté par Sa Majesté, sous peine d'en répondre en son propre & privé nom.

L I.

Royal-Allemand assujéti à la même composition & au même traitement.

VEUT & entend Sa Majesté que le régiment Royal-Allemand soit assujéti à la même composition, au même traitement & à toutes les règles prescrites par la présente ordonnance, à commencer du jour qu'il y aura été réduit, nonobstant qu'il ait été jusqu'à présent traité sur le pied d'Étranger.

L I I.

Moyens de parvenir à la nouvelle composition.

POUR parvenir à la nouvelle composition prescrite par la présente ordonnance, les Inspecteurs qu'Elle chargera de son exécution, feront mettre chaque régiment sous les armes, par les ordres des Gouverneurs ou Commandans des provinces ou places où ils se trouveront, & en présence du Commissaire des guerres qui en aura la police.

LIII.

21. Decembre 1762.

LIII.

Les Inſpecteurs feront de chacun deſdits régimens, avant & après le doublement des compagnies, une revûe exacte, par laquelle ils conſtateront le nombre d'Officiers, de Cavaliers & de chevaux dont ledit régiment ſera composé; le Commiſſaire des guerres fera auſſi la ſienne, pour ſervir au payement dudit régiment, juſques & compris le jour de ſa nouvelle compoſition, excluſivement.

Revûe d'Inſpection & de ſubſiſtance deſdits régimens.

LIV.

L'Inspecteur entrera, à ſa revûe, dans le détail le plus exact des dettes du régiment, par compagnies; il en fera dreſſer un état, ſur lequel ſeront marquées leſdites dettes, leur nature, leur époque, les motifs pour leſquels elles auront été contractées, le nom & la demeure des Marchands ou créanciers auxquels il ſera dû, & les preuves de ces dettes.

Dreſſer un état des dettes du corps.

LV.

Il fera dreſſer enſuite un état des dettes perſonnelles de chaque Officier, avec le même détail que pour les dettes du régiment.

Dreſſer un état des dettes perſonnelles.

LVI.

L'Inspecteur dreſſera enſuite un état détaillé de ce qui ſera dû à chaque régiment, ſoit ſur ſes Maſſes, ſon uſtenſile ou ſes remontes, ſoit ſur d'autres parties ſéparées, en diſtinguant toutes les dettes par nature, avec leurs époques.

Dreſſer un état de ce qui ſera dû aux régimens.

LVII.

Ledit Inſpecteur procédera enſuite à faire dreſſer un contrôle de tous les Officiers, contenant leurs noms, ſurnoms, les dates & les lieux de leur naiſſance, le détail exact de leur ſervice, l'époque de leurs différens grades, leurs bleſſures, enfin tous les détails qui pourront faire connoître leurs ſervices, leurs mœurs & leurs talens.

Dreſſer un contrôle des Officiers & de leurs ſervices.

LVIII.

Dreſſer un état de tous ceux qui ſeront dans le cas d'être reçûs à l'Hôtel royal des Invalides.

IL ſera enſuite formé un état, contenant les noms, ſurnoms & ſervices des Maréchaux-des-logis, Brigadiers, Cavaliers, Timbaliers ou Trompettes, que l'Inſpecteur jugera dans le cas d'être admis à l'Hôtel royal des Invalides, conformément aux règlemens, & notamment à l'ordonnance du 3 décembre 1730: il joindra à cet état leurs congés abſolus, les certificats de leurs ſervices & ceux des bleſſures qui les rendroient ſuſceptibles de cette grace, au défaut de ſervices ſuffiſans; après quoi il les fera mettre en marche pour ſe rendre à l'Hôtel, ſur les routes qui lui ſeront envoyées à cet effet; voulant Sa Majeſté que les Officiers qui ſeroient ſuſceptibles de la même grace, ſoient compris ſur le même état & ſur les routes, pour prendre ſoin des Cavaliers, juſqu'à leur arrivée à l'Hôtel, & il ſera envoyé ſur le champ un double de ces états, au Secrétaire d'État ayant le département de la guerre.

LIX.

Choix des Officiers de l'État-major, nouvellement créés.

CES opérations faites, il procédera, de concert avec les Meſtres-de-camp, au choix de ceux des Lieutenans ou Cornettes, qui ſeront les plus propres à remplir les places de Sous-aides-major; de ceux des Maréchaux-des-logis qui devront remplir les places de Porte-étendard & de Quartier-maître; il en enverra les noms au Secrétaire d'État ayant le département de la guerre, pour les faire agréer par Sa Majeſté.

LX.

Doublement des compagnies dans les régimens de ſeize compagnies, & réduction des compagnies à cinquante-trois maîtres montés.

DANS les régimens composés de ſeize compagnies, l'Inſpecteur doublera les compagnies en incorporant la neuvième dans la première, la dixième dans la ſeconde, & ainſi de ſuite; il ſéparera enſuite les quatre Cavaliers ou les Miliciens dont les engagemens ſeront expirés depuis plus long-temps, pour les renvoyer chez eux avec leurs congés abſolus, après quoi il compoſera les huit compagnies reſtantes, des cinquante-quatre Maîtres les plus élevés & les plus en état de ſervir, & des cinquante-quatre meilleurs chevaux, qu'il fera ſur le champ marquer de la première lettre du nom du régiment, & numéroter du numéro déſignant le rang du régiment.

A l'égard des régimens de Clermont, de Conti & de Noailles, ils conſerveront les huit compagnies dont ils ſont compoſés ; ſe réſervant Sa Majeſté d'y faire joindre le nombre de Cavaliers & de chevaux néceſſaires pour leur donner la même compoſition de cinquante-quatre Maîtres montés, qu'à toutes les autres compagnies de la Cavalerie ; Sa Majeſté donnera auſſi ſes ordres pour faire paſſer aux régimens, dont la moitié des Cavaliers eſt à pied, le nombre de chevaux néceſſaires pour former le nombre de cinquante-quatre par compagnie.

L X I.

Capitaines qui devront commander les compagnies.

LES compagnies étant ainſi compoſées des cinquante-quatre Cavaliers & des cinquante-quatre chevaux les plus en état de ſervir, l'Inſpecteur y attachera les Officiers qui devront les commander; & à cet effet les Meſtres-de-camp & les Lieutenans-colonels reprendront chacun une compagnie, & les ſix reſtantes ſeront données aux ſix Capitaines les plus anciens de commiſſions de tout le régiment.

Il en ſera uſé de même pour les régimens de Clermont, de Conti & de Noailles.

L X I I.

Rang des Capitaines.

S'IL ſe trouvoit des Capitaines dont les commiſſions ſoient de même date, l'Inſpecteur préférera ceux dont les brevets de Lieutenans ou de Cornettes ſeront les plus anciens, & ſi tous leurs brevets ſe trouvoient de même date, alors il les fera tirer au ſort.

L X I I I.

Lieutenans & Sous-lieutenans.

QUANT aux Lieutenans & aux Sous-lieutenans à placer auxdites compagnies de Cavalerie, les plus anciens de tout le corps, dans l'ordre expliqué ci-dessus pour les Capitaines, seront placés aux Lieutenances, les moins anciens le seront aux Sous-lieutenances; & s'il restoit quelques Sous-lieutenances vacantes, veut Sa Majesté qu'elles soient remplies par les plus anciens Cornettes, suivant leur rang d'ancienneté.

L X I V.

Capitaines & Cornettes réformés.

TOUS les Capitaines & Cornettes, qui se trouveront excédans, seront réformés.

L X V.

Contrôle des hommes qui composeront les compagnies.

APRÈS que les compagnies auront été composées des cinquante-quatre hommes & des cinquante-quatre chevaux les plus en état de servir, & que les Officiers y auront été attachés, l'Inspecteur fera dresser les contrôles par compagnie, des hommes qui la composeront, contenant leurs noms, surnoms & signalemens, le lieu & la date de leur naissance, leurs grades, l'époque de leur engagement, le signalement des chevaux sur lesquels ils seront montés, & il enverra des doubles de ces contrôles au Secrétaire d'État ayant le département de la guerre.

L X V I.

Rang des compagnies.

L'INTENTION de Sa Majesté est que, dans chaque régiment, les compagnies Mestre-de-camp & Lieutenante-colonelle marchent les premières, & que les autres marchent entr'elles, suivant le rang d'ancienneté des Capitaines qui les commanderont.

L X V I I.

Cavaliers excédans, renvoyés

VEUT Sa Majesté que tous les Cavaliers excédans, soient envoyés au quartier d'assemblée qui sera indiqué aux

21. Decembre 1762.

294.

aux Inspecteurs qu'Elle chargera de la réforme, avec leur habit uniforme & un chapeau; l'intention de Sa Majesté étant qu'ils y demeurent jusqu'à ce qu'Elle ait décidé de leur destination ultérieure, & que cependant la solde soit payée auxdits Cavaliers, à raison de sept sols par jour.

au quartier d'assemblée indiqué.

LXVIII.

Chevaux excédans, vendus au profit des Capitaines, en donnant dix-huit livres aux Cavaliers réformés.

A l'égard des chevaux qui seront excédans, l'Inspecteur les fera vendre sur le champ, avec leur équipement & celui des Cavaliers, au profit du Capitaine à qui ils appartenoient; l'intention de Sa Majesté étant que, sur le produit de ladite vente, il soit donné dix-huit livres à chaque Cavalier réformé, pour se rendre au quartier d'assemblée indiqué.

LXIX.

Cavaliers excédans, choisis pour les regimens qui en auront besoin.

L'INTENTION de Sa Majesté étant que, sur le nombre de Cavaliers excédans, qui seront envoyés au quartier d'assemblée indiqué, il en soit pris celui qui sera nécessaire pour compléter en hommes les régimens de Clermont, de Conti & de Noailles; Elle donnera ses instructions particulières à l'Inspecteur qu'Elle jugera à propos de charger de cette opération, sur la manière dont il devra faire ce choix; voulant Sa Majesté que les Cavaliers, qui se trouveront alors excédans, retournent chez eux, avec leur congé absolu, au moyen des dix-huit livres qui leur auront été remis.

LXX.

Cavaliers aux Hôpitaux.

A l'égard des Cavaliers qui seront aux hôpitaux, l'Inspecteur en fera dresser un état qu'il fera signer par les Mestres-de-camp, Lieutenans-colonels & Majors des régimens; lequel état il enverra au Secrétaire d'État ayant le département de la guerre, avec les congés absolus des hommes qui y seront compris, afin que, sur le compte qui en sera rendu à Sa Majesté, Elle puisse décider de leur sort; voulant Sa Majesté que la solde

F

continue de leur être payée, à compter du jour qu'ils seront en état de sortir desdits hôpitaux, jusqu'à ce qu'Elle ait décidé leur destination ultérieure.

L X X I.

Les armes remises aux Magasins.

LES armes desdits Cavaliers excédans, savoir, les mousquetons, pistolets & sabres, seront remises avec les calottes & plastrons, dans les magasins de la place, par les soins du Commissaire des guerres, & il en sera dressé des inventaires, dont lesdits Commissaires enverront des copies au Secrétaire d'État ayant le département de la guerre, avec la reconnoissance des Gardes-magasins au bas desdits inventaires.

L X X I I.

Défense aux Cavaliers de s'écarter de leur route.

DÉFEND très-expressément Sa Majesté aux Cavaliers qui seront licenciés, de s'écarter de la route qu'ils devront tenir pour s'acheminer dans leurs provinces, sous peine, à ceux nés sujets du Roi, qui seront rencontrés sur les frontières, sortant des terres de l'obéissance de Sa Majesté, pour passer dans les pays étrangers, d'être arrêtés & punis comme déserteurs; & à ceux qui s'arrêteront dans les villages de la route ou des environs, d'être traités comme vagabonds, à moins qu'ils n'y eussent trouvé du travail, & qu'ils y soient employés de l'aveu des Officiers de la communauté, auxquels ils seront obligés de se présenter pour en avoir des certificats en cas de besoin; enjoignant Sa Majesté aux Prevôts généraux des Maréchaussées, de veiller à ce que lesdits Cavaliers ne s'attroupent point, & d'arrêter & mettre en prison ceux qui feroient le moindre desordre, pour être punis sans délai suivant la nature des délits.

L X X I I I.

Décompte fait jusqu'au jour de la reforme.

L'INTENTION de Sa Majesté est que le décompte des appointemens & solde qui seront dûs aux Officiers, Maréchaux-des-logis & Cavaliers réformés, leur soit fait jusques & compris le jour de leur réforme, quand bien même ils seroient absens par semestre ou par congé.

LXXIV.

Dettes personnelles ou de l'État-major, comment acquittées.

L'INSPECTEUR donnera ses ordres pour que les dettes personnelles des Officiers réformés, & les sommes qu'ils pourroient devoir à l'État-major, soient prélevées sur ce qui leur sera dû d'appointemens, & sur le produit de la vente des chevaux; & si ces sommes ne suffisoient point, il déclarera, de la part de Sa Majesté, qu'elles seront retenues & payées sur les pensions ou appointemens de ceux desdits Officiers auxquels Sa Majesté en aura accordé.

LXXV.

Pensions des Officiers réformés.

LES Capitaines réformés, jouiront en pension sur le Trésor royal, de six cents livres, & les Cornettes, qui auront été Maréchaux-des-logis, de trois cents livres; à l'égard des autres Cornettes, ils se retireront chez eux, jusqu'à ce que Sa Majesté ait occasion de rappeler ceux dont on lui aura rendu de bons témoignages.

LXXVI.

Cornettes sortis de l'École militaire.

ENTEND Sa Majesté que si parmi les Cornettes réformés, il s'en trouvoit qui fussent sortis de l'École militaire, ils soient remplacés, par préférence à tous nouveaux sujets, aux premières charges de Sous-lieutenans qui viendront à vaquer dans tous les régimens indistinctement; & qu'en attendant ils jouissent, chez eux, de deux cents livres d'appointemens.

LXXVII.

Officiers incorporés & réformés, à la suite des Corps, renvoyés chez eux.

A l'égard des Officiers incorporés & réformés, à la suite des régimens, ils se retireront chez eux, & non ailleurs, & y toucheront les appointemens qui leur ont été précédemment accordés; Sa Majesté étant dans l'intention de ne plus entretenir d'Officiers incorporés ou réformés à la suite des régimens de Cavalerie.

LXXVIII.

Procès-verbaux de réforme.

L'INTENTION de Sa Majesté est qu'il soit dressé, par les Commissaires des guerres qui seront présens à l'exécution de la présente ordonnance, des procès-verbaux de la nouvelle composition des régimens qui y est prescrite; voulant Sa Majesté que les appointemens, la solde & la Masse réglés, aient lieu à commencer du jour & de la date desdits procès-verbaux, dont il sera remis un double, signé desdits Commissaires des guerres, aux Trésoriers; voulant aussi Sa Majesté qu'il en soit envoyé des doubles au Secrétaire d'État ayant le département de la guerre.

LXXIX.

Journées d'Hôpitaux au compte du Roi.

A commencer du jour de la nouvelle composition de chacun desdits régimens, il en sera usé, pour les journées d'hôpitaux de la Cavalerie, de la même manière que Sa Majesté a réglé pour l'Infanterie françoise, par les articles XCIX, C & CI de l'ordonnance du 10 décembre 1762. Mandant Sa Majesté au sieur Marquis de Béthune, Colonel général, & au sieur Marquis de Castries, Mestre-de-camp général de la Cavalerie, de tenir la main à l'exécution de la présente ordonnance.

MANDE & ordonne Sa Majesté aux Officiers généraux ayant commandement sur ses Troupes, aux Gouverneurs & ses Lieutenans généraux en ses provinces, aux Gouverneurs & Commandans de ses villes & places, aux Intendans en sesdites provinces & sur les frontières, aux Inspecteurs généraux de sa Cavalerie, aux Commissaires des guerres, & à tous autres ses Officiers qu'il appartiendra, de tenir la main à l'exécution de la présente. FAIT à Versailles le vingt-un décembre mil sept cent soixante-deux. *Signé* LOUIS. *Et plus bas,* LE DUC DE CHOISEUL.

ARMAND,

ARMAND, MARQUIS DE BÉTHUNE,

Chevalier des Ordres du Roi, Lieutenant général de ses Armées, Colonel général de la Cavalerie françoise & étrangère.

VÛ l'ordonnance du Roi, du 21 décembre 1762, signée Louis, & plus bas, le Duc de Choiseul, par laquelle Sa Majesté fixe la composition qu'Elle veut donner à trente régimens de sa Cavalerie, y dénommés, & fait connoître ses intentions sur l'état des Officiers, Maréchaux-des-logis & Cavaliers qu'Elle veut conserver, & de ceux qu'Elle juge à propos de réformer; ladite ordonnance portant aussi création de quelques emplois, & suppression d'autres, suivant qu'il y est porté plus au long, & nous étant adressée, avec ordre de tenir la main à son entière exécution.

NOUS, en vertu du pouvoir qui nous en est donné par le Roi, à cause de ladite charge de Colonel général de la Cavalerie: Mandons à Monsieur le Marquis de Castries, Mestre-de-camp général de la Cavalerie, de tenir la main à ce qu'elle soit ponctuellement exécutée; ordonnons à tous Brigadiers, Mestres-de-camp, Lieutenans-colonels, Majors, Capitaines & autres Officiers, & généralement à tous ceux sur qui notre pouvoir s'étend, de se conformer aux dispositions de ladite ordonnance, sans y contrevenir; laquelle, & la présente, seront publiées à la tête desdits Régimens, par les Commissaires des guerres qui en ont la police, à ce que personne n'en ignore. En témoin de quoi nous avons fait expédier la présente ordonnance, signée de notre main, & contre-signée par le Secrétaire général de la Cavalerie. FAIT à Paris le onzième jour de janvier mil sept cent soixante-trois. *Signé* LE MARQUIS DE BÉTHUNE. *Et plus bas,* LOLIOT.

ÉTAT arrêté par le Roi, de l'Uniforme que Sa Majesté a réglé pour l'Habillement & Équipement des Régimens de sa Cavalerie.

COLONEL-GÉNÉRAL.

Habit bleu, paremens, collet & revers de panne cramoisie, doublure de même couleur, patte ordinaire garnie de trois boutons, avec boutonnières légères aurores, sept au revers, trois au dessous & trois au parement.

Buffle & culotte chamois.

Boutons jaunes. . . . . n.° 1.

Chapeau bordé d'un galon de laine ou fil aurore.

L'équipage du cheval, en drap bleu bordé d'un galon de laine en velours à l'épingle, de dix-huit lignes de largeur, fond blanc surchargé d'une fleur-de-lis jaune sur un fond bleu, entourée d'une étoile à neuf éperons rouges.

MESTRE-DE-CAMP-GÉNÉRAL.

Habit bleu, paremens, collet & revers de panne noire, doublure chamois, doubles poches en long garnies de trois boutons chacune, avec boutonnières légères aurores, cinq au revers, dont un détaché & les quatre autres de deux en deux, trois au dessous & trois au parement.

Buffle & culotte chamois.

Boutons jaunes. . . . . n.° 2.

Chapeau bordé d'un galon de laine ou fil aurore.

L'équipage du cheval, bordé d'un galon de laine en velours à l'épingle, de dix-huit lignes de large, fond cramoisi, surchargé d'une fleur-de lis jaune sur un fond bleu, liséré de blanc en étoile oblongue à huit éperons.

COMMISSAIRE-GÉNÉRAL.

Habit bleu, paremens, collet & revers de panne noire, doublure chamois, patte ordinaire garnie de cinq boutons, avec boutonnières aurores, un à chaque coin & un à la pointe du milieu, six au revers détachés par un, deux & trois, trois au dessous & autant sur la manche.

Buffle & culotte chamois.

Boutons jaunes . . . , ... n.° 3.

Chapeau bordé d'un galon de laine ou fil aurore.

L'équipage du cheval, bordé d'un galon de laine en velours à l'épingle, fond cramoisi surchargé d'une fleur-de-lis blanche encadrée d'un grand ovale blanc.

ROYAL.

Habit & collet bleus, paremens & revers rouges, doublure de même couleur, patte ordinaire garnie de trois boutons, trois au parement, sept au revers & trois au dessous.

Buffle & culotte chamois.

Boutons blancs. . . . . n.° 4.

Chapeau bordé d'un galon de laine ou fil blanc.

L'équipage du cheval, bordé d'un galon de laine aurore à cinq bandes, dont trois à points de chaînettes & deux à fond luisant.

DU ROI.

Habit bleu, paremens, revers, collet & doublure rouges, patte ordinaire garnie de trois boutons, autant à la manche, sept au revers & trois au dessous.

Buffle & culotte chamois.

Boutons blancs. . . . . n.° 5.

Chapeau bordé d'un galon de laine ou fil blanc.

L'équipage du cheval, bordé d'un galon à la livrée du Roi, en laine veloutée.

ROYAL-ÉTRANGER.

Habit & paremens bleus, collet, revers & doublures rouges, patte ordinaire garnie de trois boutons, autant à la manche, sept au revers & trois au dessous.

Buffle & culotte chamois.

Boutons blancs. . . . . n.° 6.

Chapeau bordé d'un galon de laine ou fil blanc.

L'équipage du cheval, bordé d'un galon fond aurore, en laine veloutée ou en chaînettes chargées de losanges blanches & aurores, bordées de cramoisi.

CUIRASSIERS.

Habit bleu, doublure, paremens & collet rouges, sans revers, patte ordinaire garnie de trois boutons, autant à la manche & dix sur le devant de l'habit.

Buffle & culotte chamois.

Boutons blancs. . . . . n.° 7.

Chapeau bordé d'un galon de laine ou fil blanc.

L'équipage du cheval, bordé d'un galon à biais rouge & blanc, fond aurore, en laine veloutée.

ROYAL-CRAVATTES.

Habit bleu, doublure, paremens & revers rouges, sans collet renversé, patte ordinaire garnie de quatre boutons, autant à la manche, de deux en deux, six au revers, placés par un, deux & trois, & trois au dessous.

Buffle & culotte chamois.

Boutons blancs. . . . . n.° 8.

Chapeau bordé d'un galon de laine ou fil blanc.

L'équipage du cheval, bordé d'un galon moucheté de bleu, rouge & blanc, fond aurore, en laine veloutée.

ROYAL-ROUSSILLON.

Habit & paremens bleus, revers, collet & doublure jaunes, poche en long garnie de quatre boutons, dont deux plus rapprochés au milieu, quatre à la manche, six au revers, de deux en deux, & trois au dessous.

Buffle & culotte chamois.

Boutons blancs. . . . . n.° 9.

Chapeau bordé d'un galon de laine ou fil blanc.

L'équipage du cheval, bordé d'un galon à lézarde bleue, fond aurore, en laine veloutée.

ROYAL-PIÉMONT.

Habit, paremens & collet bleus, revers & doublure rouges, patte ordinaire garnie de trois boutons, trois au parement, sept au revers & trois au dessous.

Buffle & culotte chamois.

Boutons blancs. . . . . n.° 10.

Chapeau bordé d'un galon de laine ou fil blanc.

L'équipage du cheval, bordé d'un galon de laine à trois rangs de carreaux, celui du milieu en carreaux rouges & blancs, les deux autres bleus, fond aurore, en laine veloutée.

ROYAL-ALLEMAND.

Habit à la Polonoise en drap bleu doublé de rouge, collet & petits paremens rouges retroussés en pattes garnies de brandebourgs & boutons de soie rouge, blanche & bleue.

Buffle & culotte chamois.

Chapeau bordé d'un galon de laine ou fil blanc . . . . n.° 11.

L'équipage du cheval, bordé de galon à carreaux rouges, fond aurore, en laine veloutée.

ROYAL-POLOGNE.

Habit bleu, collet, revers, paremens & doublures rouges, doubles poches en long garnies de trois boutons chacune, trois au parement, six au revers, de deux en deux, & trois au dessous.

Buffle & culotte chamois.

Boutons blancs. . . . . n.° 12.

Chapeau bordé d'un galon de laine ou fil blanc.

L'équipage du cheval, bordé de galons à grains d'orge bleus, renfermant des carreaux blancs, fond aurore, en laine veloutée.

ROYAL-LORRAINE.

Habit bleu, collet, revers & paremens aurores, doublure de même couleur,

couleur, patte ordinaire garnie de trois boutons, autant au parement, sept au revers & trois au dessous.

Buffle & culotte chamois.

Boutons blancs. . . . . n.° 13.

Chapeau bordé d'un galon de laine ou fil blanc.

L'équipage du cheval, bordé de galon à chaînettes noires, fond plein rouge, en laine.

ROYAL-PICARDIE.

Habit & paremens bleus, collet, revers & doublure chamois, patte ordinaire garnie de trois boutons, autant au parement, sept au revers & trois au dessous.

Buffle & culotte chamois.

Boutons blancs. . . . . n.° 14.

Chapeau bordé d'un galon de laine ou fil blanc.

L'équipage du cheval en drap bleu, bordé de galon à chaînettes jaunes, fond plein rouge, en laine.

ROYAL-CHAMPAGNE.

Habit bleu, collet, paremens, revers & doublure jaunes-citron, patte ordinaire garnie de trois boutons, autant au parement, sept au revers & trois au dessous.

Buffle & culotte chamois.

Boutons blancs. . . . . n.° 15.

Chapeau bordé d'un galon de laine ou fil blanc.

L'équipage du cheval en drap bleu, bordé de galon à chaînettes noires, fond plein isabelle, en laine.

ROYAL-NAVARRE.

Habit bleu, collet, revers, paremens & doublure aurores, doubles poches en long garnies de trois boutons, trois au parement, six au revers de deux en deux, & trois au dessous.

Buffle & culotte chamois.

Boutons blancs. . . . . n.° 16.

Chapeau bordé d'un galon de laine ou fil blanc.

L'équipage du cheval en drap bleu, bordé d'un galon à chaînettes rouges, fond plein blanc, en laine.

ROYAL-NORMANDIE.

Habit bleu, collet, paremens & revers de drap couleur de rose, doublure chamois, la poche en long garnie de cinq boutons, dont un détaché à chaque extrémité & trois au milieu, trois au parement, six au revers, placés par un, deux & trois, & trois au dessous.

Buffle & culotte chamois.

Boutons blancs. . . . . n.° 17.

Chapeau bordé d'un galon de laine ou fil blanc.

L'équipage du cheval en drap bleu, bordé d'un galon à tablettes rouges & blanches, fond plein, en laine.

LA REINE.

Habit & collet bleus, paremens, revers & doublure rouges, la poche en long garnie de six boutons de deux en deux, quatre au parement & six au revers de deux en deux, & trois au dessous.

Buffle & culotte chamois.

Boutons blancs. . . . . n.° 18.

Chapeau bordé d'un galon de laine ou fil blanc.

L'équipage du cheval en drap rouge, bordé de galon à la livrée de la Reine, en laine veloutée.

DAUPHIN.

Habit & paremens bleus, collet, revers & doublure rouges, doubles poches en long garnies de quatre boutons, autant au parement, six au revers de deux en deux, & trois au dessous.

Buffle & culotte chamois.

Boutons blancs. . . . . n.° 19.

Chapeau bordé d'un galon de laine ou fil blanc.

L'équipage du cheval en drap bleu, bordé d'un galon moucheté de bleu, fond aurore, en laine veloutée.

BOURGOGNE.

Habit bleu, paremens, revers & collet rouges, poche en long garnie de neuf boutons en patte d'oie, trois au parement, six au revers & trois au dessous.

Buffle & culotte chamois.

Boutons blancs. . . . . n.° 20.

Chapeau bordé d'un galon de laine ou fil blanc.

L'équipage du cheval en drap bleu, bordé d'un galon liséré de rouge à mosaïque bleue, renfermant des grains d'orge rouges, sur un fond de laine blanche.

BERRY.

Habit bleu, collet, revers, paremens & doublure blancs, doubles poches en long garnies de quatre boutons, trois au parement, sept au revers, dont un détaché, les six autres de deux en deux, & trois au dessous.

Buffle & culotte chamois.

Boutons blancs. . . . . n.° 21.

Chapeau bordé d'un galon de laine ou fil blanc.

L'équipage du cheval en drap bleu, bordé d'un galon en échelle bleu, rouge & blanc, fond aurore, en laine veloutée.

ARTOIS.

Habit bleu, collet, revers, paremens & doublure blancs, patte ordinaire garnie de trois boutons, trois au parement, sept au revers & trois au dessous.

Buffle & culotte chamois.

Boutons blancs. . . . . n.° 23.

Chapeau bordé d'un galon de laine ou fil blanc.

L'équipage du cheval en drap bleu, bordé de galon à lézardes bleues & rouges, fond aurore, en laine veloutée.

ORLÉANS.

Habit bleu, sans collet renversé, paremens, doublure & revers rouges, patte ordinaire, garnie de cinq boutons, dont un à chaque angle & un à la pointe, trois au parement, sept au revers & trois au dessous.

Buffle & culotte chamois.

Boutons blancs. . . . . n.° 24.

Chapeau bordé d'un galon de laine ou fil blanc.

L'équipage du cheval en drap rouge bordé de galon à la livrée d'Orléans.

CHARTRES.

Habit, paremens & collet bleus, revers & doublure rouges, poche en long garnie de trois boutons, autant au parement, six au revers de deux en deux, & trois au dessous.

Buffle & culotte chamois.

Boutons blancs. . . . . n.° 25.

Chapeau bordé d'un galon de laine ou fil blanc.

L'équipage du cheval en drap rouge, bordé d'un galon à la livrée d'Orléans, fond blanc moucheté de rouge.

CONDÉ.

Habit & collet bleus, revers, paremens & doublure ventre-de-biche, patte ordinaire garnie de cinq boutons, dont un à chaque angle & un au milieu de la pointe en bas, trois au parement, sept au revers & trois au dessous.

Buffle & culotte chamois.

Boutons blancs. . . . . n.° 26.

Chapeau bordé d'un galon de laine ou fil blanc.

L'équipage du cheval en drap chamois, bordé de galon tout uni, fond cramoisi, en laine veloutée.

BOURBON.

Habit bleu, paremens, revers, collet & doublure ventre-de-biche, doubles poches en long garnies de trois boutons, autant au parement, six au revers de deux en deux, & trois au dessous.

Buffle & culotte chamois.

Boutons blancs. . . . . n.° 27.

Chapeau bordé d'un galon de laine ou fil blanc.

L'équipage du cheval en drap ventre-de-biche, bordé d'un galon velouté, avec raie ventre-de-biche au milieu de deux raies cramoisies mouchetées de blanc, liséré de couleur ventre-de-biche.

CLERMONT.

Habit & collet bleus, paremens, doublure & revers ventre-de-biche, doubles poches en long garnies de cinq boutons, trois au parement, cinq au revers, dont un détaché & les quatre autres de deux en deux, & trois au dessous.

Buffle & culotte chamois.

Boutons blancs. . . . . n.° 28.

Chapeau bordé d'un galon de laine ou fil blanc.

L'équipage du cheval en drap ventre-de-biche, bordé d'un galon fond cramoisi, semé de petits carreaux blancs, en laine veloutée.

CONTI.

Habit & paremens bleus, collet, revers & doublure feuille-morte, patte ordinaire, garnie de trois boutons, autant au parement, sept au revers, & trois au dessous.

Buffle & culotte chamois.

Boutons blancs. . . . . n.° 29.

Chapeau bordé d'un galon de laine ou fil blanc.

L'équipage du cheval en drap feuille-morte, bordé de galon de fil tissu à chaînettes blanches, & dans le milieu une chaînette en laine blanche, rouge & bleue.

PENTHIÈVRE.

Habit & collet bleus, paremens, revers & doublure citron, patte ordinaire garnie de sept boutons, trois en hauteur de chaque côté & un au milieu, trois sur la manche, six au revers placés par un, deux & trois, & trois au dessous.

Buffle & culotte chamois.

Boutons blancs. . . . . n.° 30.

Chapeau bordé d'un galon de laine ou fil blanc.

L'équipage du cheval en drap rouge, bordé de galon à la livrée de Penthièvre.

NOAILLES.

Habit bleu, collet, revers, paremens & doublure rouges, patte ordinaire garnie de sept boutons, trois en hauteur de chaque côté, & un au milieu, trois sur la manche, six au revers placés par un, deux & trois, & trois au dessous.

Buffle & culotte chamois.

Boutons blancs. . . . . n.° 31.

Chapeau bordé d'un galon de laine ou fil blanc.

L'équipage du cheval en drap bleu, bordé de galon à tablettes violettes & jaunes, en laine, fond uni.

L'habillement

21. December 1762. ·300·

L'habillement des Maréchaux-des-logis, Fourriers, Brigadiers, Carabiniers & Cavaliers, sera composé d'un juste-au-corps de drap de Lodève ou de Berri bleu, doublé de cadis ou serge, des couleurs déterminées, orné de paremens, collet & revers, & d'une épaulette de laine dans les couleurs réglées pour chaque régiment.

Les trois régimens de l'État-major, seront les seuls autorisés à porter les paremens, collet & revers de l'uniforme; savoir, les Cavaliers en panne, & les Officiers en velours: toutes les autres couleurs de l'uniforme des autres régimens seront observées & exécutées en drap. Il sera donné un surtout en étoffe de laine bleue croisée, propre à porter lors du pansement des chevaux.

Un buffle en forme de long gillet ou veste courte, avec des manches & sans poches; le devant sera bordé d'un petit galon de laine d'un pouce de large, à la livrée affectée au régiment.

Un chapeau fabriqué de bonne laine d'agneau, bien foulé & bien conditionné, du poids de douze à seize onces; la profondeur de la forme sera de quatre pouces deux & quatre lignes pour les trois grandeurs; en sorte qu'il puisse être aisément garni d'une calotte de fer ou de mèche; les aîles seront en proportion, de six lignes plus hautes que la forme.

Un manteau de drap gris-blanc, d'une aune de large, fabriqué & apprêté à deux envers, parementé sur le devant d'une aune de serge ou cadis-canourgue, de la couleur des doublures de l'habit uniforme, garni de trois doubles brandebourgs en laine sur le devant des couleurs affectées aux régimens.

Les Trompettes & Timbaliers porteront l'habit en drap bleu, avec les revers, collet & paremens des couleurs réglées pour chaque régiment, pour être plus facilement distingués entr'eux; les revers, devans & derrières de l'habit & les poches seront bordés d'un petit galon de soie; la taille ou le dessous du revers sera garni de deux brandebourgs, les poches le seront de trois chacune dessus & dessous les paremens, & les basques ou derrières de l'habit, de deux de chaque côté; le tout, à la livrée du Roi.

Il n'y aura que les Trompettes & Timbaliers des régimens de la Reine, des Princes du Sang & de celui de Noailles, qui continueront à porter leurs livrées avec les galons distribués, ainsi qu'il vient d'être détaillé, sans aucune dorure.

Le surplus de l'uniforme des Timbaliers & Trompettes sera comme celui des Cavaliers.

Les boutonnières, à l'exception des trois régimens de l'État-major, qui porteront des boutonnières de poil de chèvre aurore, ne feront faites qu'en poil de chèvre bleu & rouge, celui des autres couleurs étant expreffément défendu.

Les habits uniformes des Officiers feront femblables à ceux des Cavaliers, & ne différeront que par la qualité des draps d'Elbeuf ou des manufactures de pareille qualité, & des boutons qui feront dorés ou argentés; il ne fera employé de doublures aux habits, d'aucune autre étoffe que de laine, ni aucun galon ni boutonnières de fil d'or ou d'argent fur les jufte-au-corps, manteaux ou redingottes, ni fur les veftes, lefquelles feront de drap de couleur chamois, à l'exception des Officiers des régimens de l'État-major, qui porteront la boutonnière en fil d'or.

Et pour que chacun defdits Officiers ait un ornement diftinctif du grade qu'il occupera dans le Corps,

Le Colonel portera une épaulette de chaque côté, en or ou argent, felon la couleur du bouton blanc ou jaune affecté au régiment, garnie au bout de franges en nœuds de cordelières ou graines d'épinars.

Le Lieutenant-colonel portera à gauche une feule épaulette de même, garnie de franges en nœuds de cordelières ou graines d'épinars.

Le Major portera une épaulette de chaque côté, ornée de franges feulement, fans graines d'épinars ou nœuds de cordelières.

Le Capitaine, & l'Aide-major qui aura commiffion de Capitaine, porteront à gauche une feule épaulette avec franges feulement.

Le Lieutenant ne pourra porter l'épaulette pleine en argent, elle fera lofangée de carreaux de foie jaune ou blanche, de forte que fi le bouton eft jaune, le fond de l'épaulette fera en or lofangé de foie blanche; fi au contraire le bouton eft blanc, le fond de l'épaulette fera en argent lofangé de foie jaune; la frange fera mêlée d'or ou d'argent & de foie.

Le Sous-lieutenant portera l'épaulette à fond de foie jaune ou blanche, avec des carreaux d'or ou d'argent en oppofition à la couleur du fond de l'épaulette qui fuivra celle du bouton.

Les Porte-étendards & Quartiers maîtres porteront l'épaulette à fond de foie jaune ou blanche, liférée d'or ou d'argent.

21. Decembre 1762. 301.

Les revers pour tous les régimens de Cavalerie, auront ſeize pouces de longueur au plus, ſur quatre pouces & demi de large, & ſeront garnis de boutons en nombre fixé & déterminé pour chaque Corps.

Le collet aura quatre pouces de largeur, pour qu'il en demeure en dehors trois apparens.

Les paremens de la manche ſeront en bottes bordées d'un galon d'or ou d'argent fin, d'un pouce de large pour le Maréchal-des-logis.

Les Fourriers porteront à chaque manche au deſſus du coude deux bandes de galon d'or ou d'argent, de la largeur de dix lignes, du poids de ſix gros, couſus ſur le dehors du bras d'une couture à l'autre.

Les paremens ſeront bordés d'un double galon de fil ou poil de chèvre jaune ou blanc, ſelon la couleur du bouton, de la largeur de huit à dix lignes pour les Brigadiers, & d'un ſimple galon large de dix lignes pour les Carabiniers.

FAIT à Verſailles le vingt-un décembre mil ſept cent ſoixante-deux. *Signé* LOUIS. *Et plus bas*, LE DUC DE CHOISEUL.

A PARIS,
DE L'IMPRIMERIE ROYALE.

M. DCCLXIII.

www.ingramcontent.com/pod-product-compliance
Lightning Source LLC
LaVergne TN
LVHW052012160826
845678LV00003B/1025